Sempre desejei fazer grandes coisas quando era criança, nada resume melhor a vida do que o título desse livro.

Dedico este livro à minha criança, que nunca desistiu de fazer grandes coisas, a primeira delas foi começar nossa jornada pelas coisas que mais importam: as pequenas.

PREFÁCIO

Quando criança, sempre tive muito medo de crescer e não saber fazer nada. Ouvia com frequência que seria mais fácil desenvolver habilidades na infância e por isso desejava fazer de tudo. Meu medo não era o de crescer e não ter habilidades, pouco me importava a execução propriamente dita, hoje consigo perceber isso. Tinha medo de não poder experimentar tudo que o mundo poderia me proporcionar, a chance de viver algo que só aquela coisa pudesse apresentar ao meu caminho. Naquela época sentia o medo como se fosse uma possibilidade.

O fato de ser filha de uma professora inquieta, artística e resolutiva foi de grande ajuda. Mainha, como gosto de chamá-la, aprendeu a fazer tudo com as mãos, sua inquietude tomava forma do que pudesse ser útil, fosse nas salas de aula ou na sala de casa.

Ser criada em meio a mulheres também foi um grande marco em minha vida. Sinto que fui rebelde assim como elas, cada uma dentro de sua própria época, o que na minha adolescência pareceu nos afastar emocionalmente. A necessidade e a tristeza da rebeldia que só as mulheres podem sentir e entender, e que nunca se atrasa, pelo contrário, se antecipa e nos come vivas. Como se, sendo mulher, aceitasse o fardo de atender outras prioridades em busca da manutenção de sua própria vida. Acredito que nós mulheres, quando criamos umas às outras, desejamos proteger-nos dos traumas pelos quais individualmente passamos, e isso pode fazer com que percamos o jeito de demonstrar ou de pedir carinho. Outra coisa que pensamos na infância é que os adultos sabem de tudo, felizmente estou vendo, por conta própria, que a aprendizagem é um processo que se finda junto de nós, o que me deixa aliviada.

Ser criativa foi uma possibilidade em meio às impossibilidades momentâneas da minha infância e adolescência. Assim como todo adulto, continuo vivendo impossibilidades, mas tenho tornado possíveis outras tantas coisas atualmente.

Sobre o medo de não saber fazer nada, este continua vivo e bem alimentado. Não acredito mais numa vida sem medo. Uma coisa que tenho me permitido aprender nesses anos de existência é que as coisas são simples. O que temos de sentir, sentimos, o que temos de fazer, fazemos, as coisas são o que são e nos afetam do modo como deveriam nos afetar naquele momento. Não são predeterminadas, claro, somos responsáveis por muitas coisas, mas correspondem de modo claro às nossas atitudes, o que continua produzindo medo em nós. Medo de não tomar a melhor decisão, medo de não ser suficiente, medo de não envelhecer bem, medo de perder os amigos, medo de se decepcionar. Sentir medo na vida adulta vira sinônimo de incerteza. O quão tênue é a linha da possibilidade e da incerteza?

Como havia dito, grandes medrosos. Acredito que a energia que gastamos para disfarçar nossas vulnerabilidades poderia ser utilizada para nos mantermos atentos às mudanças que sofremos no decorrer das horas e dias. Admitir estar com medo do que estou escrevendo, provavelmente, é o que me levará até o final deste livro, diferente dos outros que tentei escrever, inclusive na infância. Essa foi uma outra habilidade que busquei desenvolver e que, felizmente, vem me acompanhando ano após ano.

Talvez venha daí o desejo de fazer tudo, viver tudo. Cada um constrói o seu barco de acordo com o tamanho da tempestade que é capaz de produzir, na época eu não sabia, mas sentia. Viver sempre me pareceu muito importante e eu sabia que precisaria encontrar meios de atravessar momentos em que a vida me esqueceria, ou em que eu, como forma de ajustamento, esqueceria de mim, para respirar mais leve por algum tempo.

Há alguns anos, mesmo fazendo tantas coisas, sentia não estar fazendo nada. Esperar o tempo das coisas sempre foi algo difícil para mim, talvez por isso eu tenha vivido experiências que me colocaram sempre de cara com o tempo, e veja, não demorei muito para ver, ainda que tenha levado muito tempo para entender. Ver e compreender a existência daquilo que vemos são duas coisas completamente diferentes. Talvez isso tenha impulsionado minha rebeldia, que só existia das fronteiras do meu corpo para dentro. De modo geral dei pouco trabalho para minhas mães. Em compensação, me dei muito trabalho. Travava lutas internas imensas, o que tornava pequenos conflitos externos em quase que insuportáveis.

Faz pouco tempo que vivo numa democracia interna. Felizmente. Por isso estou sempre refletindo sobre o regime que desempenhamos na relação com nós mesmos e o que nos levou até isso. Por mais que não deseje mudar o passado, desejo claramente continuar mudando meu presente, e é aqui que isso começa.

Gostaria que você me acompanhasse por estas páginas, seja lá qual for sua idade; acredito que assim como o medo, que sempre irá nos acompanhar, precisaremos sempre nos lembrar das grandes coisas que fazemos quando pensamos não estar fazendo nada.

Sobre estas, não precisam ser apresentadas, gritam por si só. Leia no seu tempo, faça digestão com seus estômagos e, por favor, transforme em outra coisa.

SUMÁRIO

CAPÍTULO 1

adultos não gostam de ter medo

sobrevoando
16

casa abandonada
21

CAPÍTULO 2

se diz muita coisa em silêncio

beabá
31

mais do mesmo
37

CAPÍTULO 3

o tempo

vazio
49

lembrança
52

CAPÍTULO 4

janela é tipo uma porta

meu bairro
56

khrónos
63

CAPÍTULO 5

quando fizer sentido

infeliz
75

lírio
79

CAPÍTULO 1

adultos não gostam de ter medo

Para não morrer de medo é preciso estar sensível à vida e a nós mesmos.

Andar sempre foi algo terapêutico pra mim. As idas ao mercado quando pequena, as feiras aos sábados, ir e voltar da escola, os trabalhos na casa dos amigos. Quantos passos eu já devo ter dado em todos esses anos? Na infância lembro bem das manhãs ensolaradas, tinha poucas pessoas no caminho para dar bom dia até chegar no Anchieta, e meus passos ainda eram curtos, então o caminho parecia mais longo, coisa que só percebi quando fiquei mais velha e tudo parecia pequeno demais. Felizmente naquela época pouca coisa me preocupava além do lanche na hora do intervalo. A gente se escondia da minha mãe, que na época era professora na mesma escola em que eu estudava, e trocávamos o que individualmente parecia melhor pra gente, suco por achocolatado, biscoitos chatos pelos recheados. As crianças que mais pediam pra trocar de lanche comigo se chamavam Nando e Lucas e aparentemente essas travessuras sempre foram resguardadas por uma brisa fresca daquelas que a gente sentia no início dos anos 2000.

Quanto mais eu avançava de turma, mais próxima de casa eu ficava e menos passos até a escola eu precisava dar. Por um tempo essa sensibilidade nata à infância parece ter sumido. Quase como se eu precisasse prestar atenção em outras coisas naquele momento. Crianças não sabem o que é o medo até que deem nome, até lá uma brisa pode sinalizar um ambiente seguro, o silêncio pode anunciar uma possível bronca, mas não prestamos tanta atenção nisso.

Depois que a gente aprende que, quando o medo surge, sempre nos encontramos com nós mesmos, com aquilo que somos, que temos e que podemos perder, há de haver certa resistência a esse encontro.

reza

Tenho uma pedra,
estou me habituando a ela.
Todo dia, pesa.

Pesa bem no centro
d'alma.

Meus pulmões se preenchem
e meu peito pesa,
engulo saliva,
mas é uma pedra,

não tem cirurgia,
nem reza,
me sugiram algo,
não quero essa pedra.

Mas ela é minha,
dia e noite minha,
frio e calor minha,
feliz e triste minha.

Todo dia pesa,
mas a cada dia
pesa menos.

Daqui eu sinto que pesa,
meus olhos me pregam uma peça.
Não era uma pedra,
era um choro.

Devolvam minha pedra,
inundaram meu olho.

sobrevoando

De cima não pude ver
nenhum que a mim se assemelhe,
quase inexistente.

Ainda assim, uma vontade do absoluto.
Se tu abres os braços, do céu não o vejo
e quer se ater no mundo.

Pequeno igual eu,
na sua luta de ser tudo que pode,
ainda assim não o vejo.
E mesmo que entenda sua existência
daqui de cima,
desacredito da minha.

Ainda que seja para nós,
o mundo,
do céu não nos vejo

e continuamos criando no mundo
mundos para provar
que existimos.

temporal

Não me engana o desespero.
Ensaio o medo
antes defeito,
mas freio.

Não me engana nessa
de dizer como devo ser,
me contento com o que vejo,
descontento em pensamento,

verticalmente
me oriento.
O horizonte é além da janela,
não me engana o desespero,
encho o peito,
aprumo o espelho,
reflito uma luz
de uma cor
que não existe.

aperto

Aqui fora é mais bonito
até quando feio,
o coletivo ameniza o peso,

quantos mundos existem e se carregam?

Saia de casa pra ver
o espetáculo que é o vento,
leve leve leve
levando fora tudo,
menos as folhas dos galhos
que reclamam do calor.

Aqui fora é mais bonito
do que você se conta quando dentro,
é manso tímido e lento,
venha ver,
não traga o tempo,
não traga os outros,
só venha ver,
saia de casa pra ver,
tudo dá um jeito de ser,
sendo.

. moderno

Ser feliz não é desaforo,
desaforo mesmo
é não ser.

É acordar ausente
de agradecimento,
olhar para o sol
e só ver uma luz,
olhar para o café passando
e só ver a demora,
olhar para a roupa no varal
e só ver o que tá molhado.

Desaforo moderno
é olhar só para o que se mostra,
ausente de poesia
seus olhos abertos
parecem fechados,
que ironia.

Poderia estar vendo
por dentro,
mas nem isso,
a pupila pediu as contas,
não deixa a luz passar.

Aprender a enxergar
no escuro não é castigo,
castigo mesmo
é poder e não querer enxergar.

casa abandonada

Tem lugares que a gente entra
e nunca mais sai,
o que escapa é o pensamento.

Atualizado num corpo estagnado
que procura um buraco para se enfiar,
faz um chá e chora, pensamento não chora,
mas inunda.

Faz um chá e abre mão,
ao invés de abrir a janela,
o pensamento foge do corpo,
mas queria era o corpo
fugir do pensamento.

Quando acabar o chá, tem café.
A paz do corpo é saber que pode se ver livre do pensamento,
mas o inferno do pensamento
é precisar voltar sempre
para uma casa adormecida.

casa abandonada

tem lugares que a gente entra
e nunca mais sai
o que escapa é o pensamento

atualizado num corpo estagnado que
procura um buraco para se enfiar,
faz um chá e chora,
pensamento não chora,
mas inunda.

faz um chá e abre mão,
em vez de abrir a panela
o pensamento foge do corpo,
mas queria era o corpo fugir do pensamento.

quando acabar o chá, tem café
a paz do corpo é saber que pode
se ver livre do pensamento

mas o inferno do pensamento
é precisar voltar sempre
para uma casa dormente.

Descobrir que a gente existe é uma mistura indigesta do fruto verde que somos e da possibilidade de podermos nos tornar doces. Azia na vida adulta é sinônimo de batizado, uma hora há de se andar com remédio para o estômago na mochila, com a feliz sensação de se estar preparado para lidar com o queimar.

Acredito veementemente que estou me preparando para a vida desde o dia em que nasci. Até que ponto isso pode ser desespero, eu não saberia dizer, mas também venho me preparando para lidar com as consequências de ser quem eu escolho ser. Faz tempo que não sinto o medo da forma que sentia antes, a vida adulta parece queimar nossas digitais em alguns momentos. De uma hora para outra, as coisas pelas quais éramos reconhecidos mudam completamente. A gente até se busca nos bolsos da mente, mas não se acha. E chora de desespero, de medo, de dor, de vazio, mas não se acha. Se perde em algum lugar do tempo que ficou para trás e só resta o luto. Mas tem outras coisas, com as quais a vida faz questão de nos marcar para além da conta.

Quando penso que poderia ser outra, dou uma risadinha de desespero, como quem falou sem pensar. A gente vive falando sem pensar, não é? Acontece com vocês também? O pensamento muda de tamanho quando transformamos em som, por isso vivo falando sozinha e incentivo os outros a fazerem-no também. Em que momento da nossa evolução decidimos não dialogar conosco? Decidindo que o pensamento por si só se sustenta. Sustenta nada. Pensamento é poeira e coça os olhos. Sendo assim, o que estamos ouvindo quando tomamos nossas decisões? O que será da gente se nem a gente mesmo se permite confabular conosco diante das coisas da vida?

Confesso que é difícil encontrar o equilíbrio e aprender sobre nossas mutações existenciais. Como respondemos a determinadas experiências, como sentimos, o que estamos dispostos a perder, qual é o nosso limite. Se a ignorância é uma bênção, isso só funciona das nossas fronteiras para fora, porque aí dentro da sua cabeça... bem, saber inclusive quando parar é o que vai te salvar daquilo que você pensa que é.

Pare   de procurar

por   você nas coisas. Vai ser

difícil   se
encontrar

se você   só se busca

quando está distraído   demais

para   se ver

verdadeiramente.

onde me cabe se não em mim?
não em mim? onde me cabe se não
me cabe se não em mim? onde me
me cabe se não em mim? onde me
cabe se não em mim? onde me cabe se não em mim? onde me c
e me cabe se não em mim?
e me cabe se não em mim? onde me
onde me cabe se não em mim?
não em mim? onde me cabe se não
me cabe se não em mim? onde me
me cabe se não em mim? onde me
cabe se não em mim? onde me cabe se não em mim? onde me c
e me cabe se não em mim?
e me cabe se não em mim? onde me
onde me cabe se não em mim?
não em mim? onde me cabe se não
me cabe se não em mim? onde me
me cabe se não em mim? onde me
cabe se não em mim? onde me cabe se não em mim? onde me c
e me cabe se não em mim?
e me cabe se não em mim? onde m
onde me cabe se não em mim?
não em mim? onde me cabe se não
me cabe se não em mim? onde me
me cabe se não em mim? onde me
cabe se não em mim? onde me cabe se não em mim? onde me c
e me cabe se não em mim?
e me cabe se não em mim? onde m
onde me cabe se não em mim?
não em mim? onde me cabe se não
me cabe se não em mim? onde me
cabe se não em mim? onde me

CAPÍTULO 2

se diz muita coisa em silêncio

Ouço a moto, o ônibus, o grito, mas o silêncio é um som difícil de se conquistar aqui.

Me formei em Psicologia graças aos caminhos tortos e misteriosos, mas não é como se eu já não pensasse nisso. Quando criança, não se faz importante a ordem de distribuição de doces, o importante é que se realize. Na época, Psicologia foi minha segunda opção e virou a primeira no momento em que a vida me intimou. Eu não sabia antes, mas agora sei, por isso pódios e escolhas pessoais partem sempre de um pressuposto: o que é que a vida tem para mim diante do que fiz e estou fazendo por mim? A resposta para essa pergunta já é uma nova chance, às vezes indigesta, mas sempre necessária.

Não dá para viver dignamente quando estamos alheios a nós mesmos. Enquanto sociedade, uma série de outras coisas básicas, diante da falta, podem enfraquecer a ideia de que somos dignos, e estas devemos juntos combater. Mas nada assusta mais uma pessoa do que a crença pessoal de que ela não é digna de si mesma. Nesses momentos gosto de pensar no meu trabalho como o de alguém que acompanha o outro no conhecimento de suas próprias tempestades. Construímos uma embarcação para atravessar ilhotas de nós mesmos.

despercebido

Desço e subo no mesmo ponto de ônibus, espremendo os olhos o suficiente para enxergar a numeração correta, que falta fazem uns óculos. Se soubessem como é para mim exercer a concentração, entenderiam o sono que me consome no retorno para casa. Tanta coisa passa despercebida por mim. E ainda assim vivo lutando para que nem tudo chame minha atenção, na torcida para que eu possa ver com cuidado o que precisa ser visto por mim. Na Brigadeiro Luís Antônio de cada dia, de frente ao ponto, descem várias bolsas e uma moça. Nessa ordem mesmo. Não era ninguém, até que um estranho veio se aproximando e em tom de brincadeira disse: você é a moça que trabalha com embalagens? — e sorriu como se tivesse mais de uma boca. Se tornou alguém naquele instante. Não sei se ela se permitiu perder os ônibus que passaram ou se a conversa deles foi cronometrada pelo destino. Assim que ele dobrou a esquina, um ônibus apontou na outra e ela foi embora. Desceu naquele ponto onde eu estava, e foi encontrada por alguém que ficou feliz em vê-la. Eu vi tudo, mas também perdi muitas outras coisas.

O 715 veio rumo a Pinheiros, a porta abre e, logo depois de tudo que é bom, uma grosseria não poderia passar despercebida. Para onde vamos com tanta pressa? E logo olhei pro relógio, o ônibus atrasou dez minutos, qual a probabilidade do inventor do relógio ser alguém que não se permitia errar?

Faz calor em São Paulo nesta época? Gostaria de estar igual à criança no banco da frente com o rosto milimetricamente em harmonia com o vento que atravessava a janela, talvez da próxima vez, quando eu não estiver sozinha. Quinze paradas e não sei o que pensei durante esse tempo, mas os prédios foram ficando familiares e é nessas horas que apertamos o botão.

Desci ali mesmo pra ver coisas que ainda não foram vistas, peguei à esquerda e nunca foi tão rápido atravessar duas quadras, em horário de almoço não são só os carros que fazem barulho por aqui.

Tudo foi como deveria ser, mas só porque eu me permiti falar, nenhum ajuste é melhor que aquele que foi desejado. De volta à Bela Vista, despercebi a paisagem. O cobrador ouvia reggae e se mexia como quem desejava se rebelar diante da vida. Não cobrou a moça que se enganou ao entrar no ônibus e foi cuidadoso ao repetir a linha correta como quem quisesse levá-la pro destino, isso eu percebi. Mas muita coisa passou batido.

Quantos carros cabem na Rebouças e será que chove ainda hoje? Não fossem os dedos machucados, desceria antes para comprar algumas plantas. Ao invés disso, me permito viver e, logo em seguida, um erro. Então é por isso que a gente se condiciona a viver em doses homeopáticas? Pela sensação angustiante de não prever o imprevisto?

Nada me irrita mais do que errar, só não admito com frequência. Vai ver eu devia copiar a ideia. Novos relógios para novos contextos, é tempo de não deixar nada passar despercebido, poucas coisas nos distraem da realidade, a gente se rebela o tempo todo e só percebe depois. Até chegar nisso o relógio não anda.

Tudo que sinto sou eu buscando maneiras de me traduzir.

beabá

Me compadeço da canseira que dá existir. Quem aceita sofrer é mais feliz, não por ter aquilo que aceita, mas por assinar sua própria dor. Sofro quando tenho que sofrer e sofrerei sempre como se fosse a última vez. Por mais feliz que se possa ser aceitando nossas sentenças, é preciso produzir esperança "de quê". Se treme de medo o adulto que está feliz, pois não aprendeu com a vida, mas sim com outras pessoas que viveram. Como se não fosse possível descobrir nada de novo. Gosto de acreditar e por isso gosto de viver. Acreditar é a única maneira de me permitir, em alguns momentos, desacreditar.

Brinco de gangorra com a vida, mas tem hora que canso. Por mais integral que seja o nosso compromisso, também me permito a inexistência, primeiro por desejo e, segundo, por receio. Me alegro e choro por não existir, me desespero de mim e aceito qualquer coisa, inclusive ser eu. Daí então refaço os votos, jogo fora as expectativas que criei sobre quem eu deveria ser. Muito longe eu já cheguei achando que não estava fazendo nada, não serei eu a pessoa a me dar lições de moral. Deixo para quem me leva a sério, eu felizmente me levo a pagode.

Viver intenso pode ser cansativo. Se eu pudesse reverter preguiças rasas em esgotamento diante do ir e vir, creio que quase nada seria preguiça, mas isso não vem ao caso. Somos pilhas e nossas fronteiras estão sempre enviando uma série de cargas. Me recarrego enquanto durmo e pelo visto preciso muito dormir.

Não desconsidere nada. Tudo nos atravessa, mesmo o que não vemos. Tudo nos ativa, nos integra e nos dissolve.

ciclo

Abro o olho, viro o olho, de um lado ao outro,
vejo quinas, flores, molduras,
ouço passos, risos e botões sendo apertados,
motores em arranque, vento, avalanche,
faz calor em dezembro, brisa varanda adentro,
escrevo improvisos e penso lento:
o que vem depois do três?

inédita

Quem diria que essa história se repetiria, senão todas as pessoas que já passaram por esse mundo. Mas eu não escuto, desejo ser inédita em minha mediocridade. Se vírgulas fazem pausas, eu terei de fazer também, me ausentar desse trabalho contínuo que é pontuar as linhas tortas da minha vida, até as pausas criarem melodia e o silêncio se encher de qualquer coisa além de mim.

dá pra ser o que quisermos ser em dias nublados

Dias nublados me intrigam. Acho que eles possuem essa energia de nos permitir ser e sentir o que quisermos. Se estamos felizes num dia nublado, podemos arrumar a casa ao som de Djavan, fazer um bolo e sentar para assistir. Se estamos tristes, ele acolhe esse sentimento e parece se compadecer, podemos ficar deitados, chorar enquanto tentamos nos desviar da culpa que sentimos com o que estamos a fazer com aquele dia.

E tem dias que a gente só está em paz, nesses dias o tempo nublado também parece sinalizar tranquilidade com o que acontece aqui dentro. Para ele não importa como você esteja. O fato de ser visto como um tempo feio e preguiçoso parece ter feito dele um dia que respeita a possibilidade de ser mais do que aparenta ser. Acredito que dias nublados são o que nós quisermos que eles sejam. Hoje especialmente não me sinto pressionada a fazer algo que definitivamente eu não gostaria de fazer, mas confesso que, se estivesse ensolarado, a pressão venceria. O sol pode ter esse impacto sobre a gente vez ou outra. Essa prerrogativa de que deve ser aproveitado única e exclusivamente, como se os dias chuvosos também não devessem ser. Creio que essa seja a confusão. Mas sobre isso deveríamos aprender a lidar de forma mais saudável com nós mesmos. Não deixar que o clima dite nosso humor, como se pudéssemos ser tão dessensibilizados a ponto de ver as coisas apenas como elas se mostram. Não sou contra os dias ensolarados, eles são extremamente necessários, mas o fato de saberem disso os torna arrogantes vez ou outra. Quase como se ignorassem nossos sentimentos e nos obrigassem a existir para além da nossa dor. Já os dias chuvosos me oferecem a possibilidade de existir apesar da dor, no meu tempo. Acho isso bonito.

atropelo

Tenho essa mania terrível de desistir no meio da fala, estou sempre lembrando que esqueci de algo e o que vai sair é tão atrasado que o próximo movimento é me adiantar.

adultices

Falhei nessa coisa de cuidar. Emancipei todo mundo e agora não sobrou ninguém que possa me emancipar de mim.

afobação

Às vezes me pergunto se sou uma boa pessoa. Olho pela janela, vejo outras janelas e outras pessoas que talvez se questionem sobre o mesmo. Somos todos bons, eu diria. O que nos estraga é o propósito de sermos melhores, não dá tempo de ser bom em quem somos, quando vamos com tanto afinco atrás de quem gostaríamos de ser.

um caminho

Enquanto adultos, devemos ser responsáveis com a nossa própria vida, mas nunca como se fôssemos nossos próprios pais. Nunca como se tivéssemos algum poder diante de nós mesmos, algo a nos chantagear, apreender. Não esquecer que independentemente dos lugares que ocupamos dentro de nós, não existe hierarquia capaz de subjugar nossas versões mais frágeis.

crise

Esperamos muito da vida e pouco de nós mesmos. Como se não estivéssemos falando de uma coisa só.

estrangeiro

Quando a gente percebe que mudou, a mudança já deixou de ser algo novo. Agora já está impregnada em nós, somos nós.

mais do mesmo

Dor de cabeça atemporal,
os dias passam,
as coisas mudam,
e a dor, sempre igual.

roupa

Tem roupa que não serve mais. É pequena demais ou grande demais, não parece mais com a gente ou não parecemos mais com elas. Tem roupa que é pesada demais, muito tecido envolvido, camadas infinitas. Num momento escorrega pelos ombros, noutro tensiona todos os músculos do corpo. Tem roupa que é quente demais, exige um clima que não temos, outras são tão finas e frias que me sinto nua no mundo, sem proteção, desamparada. Tem roupa que não serve mais, que precisa sair do corpo. Elas e suas estações, algumas viveram comigo momentos tão leves que até hoje desejo vesti-las. Tem roupa que não serve mais pra mim, preciso deixá-las, doá-las, salvá-las do meu uso indevido.

gerúndio

Estou indo
existindo
respirando e
me partindo,
essas partes se
espalhando são verbo
que não se conjuga.

espelho

O que foi visto além de mim
se não a sombra do que fui e
os traços do que serei.
E os olhares continuam,
afiados como facas, atravessam.
Se não faca, espelho d'alma.

nada

Na cabeça uma festa que ela não pediu. No coração um ritmo que não
alcançava. Nos olhos o sol se convidando descaradamente, fazendo as
vezes de um dia lindo seguido de uma grande noitada. E nem de casa ela
saiu, agitada por nada.

mesmo fim

Se eu fosse infeliz, sentaria na sarjeta, olharia para o que se dá.
Se eu fosse infeliz, caminharia léguas para perto de mim.
Se eu fosse infeliz, passaria um café e reclamaria do calor.
Se eu fosse infeliz, inventaria felicidades incapazes de me serem tiradas
até o dia em que me tirassem de mim.

quantos dias tem um ano

Olhei uma,
duas, três
vezes.
Não tinha gostado
no início,
da vista,
do sal,
do sol.
Na quarta,
vi melhor
de outro jeito.
Gosto
do que
vejo.
Não sou eu,
é outra,
mas tem muito
de mim ali,
não "de novo",
é tudo novo
e só.

chuva encanada

Lavei minha alma
com uma chuva
encanada.
Era tudo que eu
tinha na hora
que precisava.
Água também lava
pensamentos,
deixa escorrer pelo corpo
sons, letras e tormentos.
Se eu pudesse,
me lembraria sempre
de buscar pela água,
sem considerar
se cai do céu
ou atravessa o cano.
Muito me importa
que carregue o silêncio
dos pensamentos
que escolheram me inundar.

oração

As orações mais bonitas eu faço em silêncio, quando pareço não estar fazendo nada que merecesse respeito. Olhando os carros passando da varanda alaranjada, pedi algo. Subindo a ladeira de céu e chão acinzentados a caminho de sua casa, pedi algo. Da janela, vendo e ouvindo os pássaros cantarem, pedi algo. Na cama num dia frio, entre cobertas e travesseiros, olhos barco e corpo vento, pedi algo. Tudo em silêncio.

primeira lição

Primeiro aprendi que precisaria me fazer. Depois compreendi que essa tarefa não teria fim. Talvez essa seja a única razão para ter chegado até aqui.

fim

fazer do imperfeito memorável.

CAPÍTULO 3

o tempo

Vez ou outra sou tomada por um apagão existencial. Tão perdida que até quem me vê, me procura. Repito copiosamente: não se preocupem, volto já. Minha única sorte é não caber em nenhum outro lugar.

Desde sempre me permiti o contato com o mistério. O tempo e o vento sempre me chamaram atenção. Mesmo morando na cidade, durante a infância e a adolescência, passamos bons tempos no Sítio dos Tourinhos, ou melhor dizendo, na casa de Tia Zefinha, irmã de minha avó. Brincávamos muito na terra, meus primos e eu. Ao passo que crescíamos, as aventuras evoluíam, parecia quase um rito de passagem no sertão de Alagoas. Lembro bem das cercas puladas, dos bois desviados e de uma pedra com formato de coração que só poderia ser vista no período de seca, quando os caminhos de água formados pela chuva que inundava a barragem eram absorvidos. Entrávamos mata adentro, só mulheres. Não íamos muito longe, nossas mães tentavam nos dar liberdade ao mesmo tempo em que nos alertavam dos perigos. E aprendemos. Depois de mais velhas, íamos em grupos de quatro ou cinco, só as primas. Vivemos bem e até hoje consigo sentir a poeira sendo trazida pelo vento aos fins de tarde. Tudo era abundante naquela experiência, infelizmente não cumpri o maior dos ritos, subir a serra que ficava próxima do sítio, mas um dia irei e terá acontecido no tempo certo. Confiar e temer o mistério talvez tenha me ensinado a lidar com pequenas e grandes angústias desde sempre, mesmo quando não sabia o que isso poderia ser.

velho amigo

Queria que o tempo tivesse um rosto.

Pra que eu tivesse o consolo de ver a face daquele que me arrancou tanto em tão pouco.

Queria que o tempo tivesse um corpo.

Pra que eu pudesse, com o meu corpo, fazer um laço no dele e girar os ponteiros lentamente dentro de um abraço de gratidão.

Queria que o tempo tivesse seu próprio tempo.

Pra que ele entendesse como é curto e longo ao mesmo tempo, e mesmo existindo ainda me falta tempo, de fazer sobrar tempo e, dessa forma, ir vivendo.

Queria que o tempo tivesse um nome.

Pra que eu o chamasse de mansinho e ninguém percebesse que, aos pouquinhos, eu entendia pra que ele serve.

Pensei até em mandar uma carta, mas vi que o tempo não tem uma caixa, e se ela chega e ninguém me responde?

O tempo é um velho amigo meu, sem nome, endereço nem capacidade de demonstrar que se importa nos pequenos detalhes e que me encontra, nele mesmo, pra dizer que tudo deu certo. O tempo é um velho amigo meu. Não o vejo nunca, mas fico feliz por senti-lo atravessando meus ossos.

memória

Os dias passaram rápidos desde quando eu consigo me lembrar de algo. As cenas curtas das quais me recordo parecem mais um sonho que eu gostaria de viver. O locutor anunciando a farinha de milho na rádio local, o barulho dos panos sendo batidos nas calçadas e presos em cordas que passavam de árvore em árvore. A sandália das crianças batendo no chão a correr na rua e um calor que não me incomodava. O vento tinha cheiro de uma vida boa.

Gosto de pensar na vida como os acontecimentos que antecedem e sucedem os pequenos momentos que consegui memorizar da minha infância. Esta não é uma carta para o tempo, ainda que a ele pertença tudo. Esta carta sou eu tentando criar uma memória. E ainda que esteja sendo feita por mim, deixo-a livre para ser sua também.

De quando a maior preocupação era não esquecer o cheiro dos lugares e das pessoas que eu conhecia, de quando tudo e todos pareciam grandes demais perto de mim. Meu esforço em tentar criar memórias me tornou especialista em esquecer das coisas.

Pensei que essa seria alguma dívida minha com o universo, mas eu era nova demais para dever qualquer coisa. Depois de muito tempo entendi a função do esquecimento e a relação dele com a construção das nossas memórias. Nada com que eu não possa me angustiar por não lembrar.

matéria

Para onde nós vamos quando não sabemos para onde ir? Porque a gente nunca permanece. Até onde sei, mesmo que a gente não sinta, as coisas se movem. Nos movemos mesmo quando não sabemos para onde ir. Até o que ainda não foi descoberto nos move. O que sabemos também nos move. Onde fica o lugar a que vamos quando queremos ser mexidos?

Para onde vai o queimor que transforma em pó nossas articulações quando estamos paralisados? Até onde sei, depois de queimar, o corpo adormece até quando aceita acordar.

Mas o corpo que adormece, nunca adormece realmente, espera a hora de abrir os olhos, e quando decide abrir só fecha quando queima, e o processo se repete. Acordar sem saber para onde ir pode nos levar para qualquer lugar.

Para onde vamos? A pergunta não é suficiente, não é inteligente, parece vazia. Ao passo que é feita, corpos e juntas queimam pela paralisia do medo.

Não existe pergunta certa. Espero que você esteja lá, no lugar aonde quer chegar quando e como puder. Mas antes de qualquer coisa, aceite o bom e o ruim, aprenda com eles, esteja presente em seu corpo. Amanhã não existe sem hoje.

o tempo

Hoje eu vi a vida correr e não foi pouco. O moço acelerou o carro, eu fechei os olhos e senti o vento no meu rosto.

Para onde vamos com tanta pressa?

Mais rápido do que nunca um carro ultrapassou outro e mais outro.

Será nossa vida lá na frente?

Nos esperando num ou dois quarteirões do tempo?

A música me soprou no ouvido e o vento no rosto e eu entendi.

Se eu diminuir o passo você deixa que os meus passos andem ao lado dos teus?

E eu entendi.

Será que mais tarde mesmo cansada vou contornar o tempo e pedir que o amanhã aconteça?

Minha mãe no trabalho, minha avó me esperando e eu entendi.

A velocidade diminuiu, o carro voltou para a sua faixa e eu abri os olhos.

Que hoje nós corremos feito loucos torcendo para que em meses ou anos possamos sentar e conversar com quem?

Se não hoje, quando?

Abri meus olhos e percebi que as estradas pelas quais eu passo há dois anos não são mais as mesmas. Mas é claro: eu corro, tu corres, nós corremos. Se faltou conjugar algo, me liberte do julgamento. Estamos indo com pressa para viver, mas será que os dias não estão passando rápido por não estarem sendo vividos?

Que me perdoe o relógio por meus ponteiros atrasados, dizem que tenho a síndrome dos olhos fechados, quanto mais para dentro eu olho, com menos pressa eu fico.

que me perdoe o
relógio por meus
ponteiros atrasados,
dizem que tenho a
síndrome dos
olhos fechados.
quanto mais para
dentro eu olho,
com menos pressa
eu fico.

Tem dias que a gente não tem o que dizer mesmo. E esses parecem ser os dias em que mais deveríamos falar. Mas só parece mesmo. Já é sabido que, quando cheios, devemos esvaziar. O vazio que é cheio de mistérios. O vazio é o lugar para onde vamos quando não temos para onde ir? E se vamos, o quão vazio realmente ele pode ser?

Se é um lugar, estou nele. Se é um sentimento, está em mim. Não tenho nada para dizer que já não tenha sido dito. Faço minhas as palavras do vazio, apenas existo.

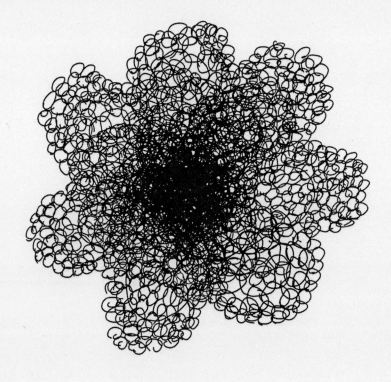

Para tudo olhe duas vezes,
a mudança faz poesia em movimento.

Todo canto esconde um
tanto de
esperança para
se esperançar.
Tarda,
mas não falha.
O ciclo que se vira,
revira sem que
a gente perceba
que nasce o
estranhar.
Gestando
uma angústia
vem ao mundo
um novo eu,
de cara para
um canto
prestes a se encantar.
Não se esconda,
todo canto
esconde um
tanto de esperança,
para se encantar.

lembrança

Gostaria que você soubesse que a sua lembrança aluga com uma frequência quase que elegante parte dos meus pensamentos. Elegante porque o tempo fez o seu trabalho em curar as feridas e organizar os bons momentos. Não sei se a frequência chega a ser elegante, mas o tempo com certeza é. Sempre que lembro me deparo com o questionamento: "Chegou a hora de fazer algo com isso?", porque se você ocupa de forma tão leve a minha memória seria importante te deixar saber disso.

Mas mesmo sem esperar, eu torceria para que, com toda elegância, eu também alugasse as suas lembranças. Entrar em contato com você para te levar essa boa nova seria então um desejo? De que você tivesse a mesma perspectiva que eu tenho? — me pergunto. E aí desisto e aceito a elegância de lembrar sem precisar fazer disso uma dívida, que você nem mesmo sabe que tem.

E não me deve mesmo, lembro de você de graça e com elegância. Ressignifiquei muitas vezes o nosso último contato conflituoso, tanto que agora nem me lembro mais dele, só lembro de você, e de quem eu era, e de onde eu estava, e dos medos que eu sentia naquela época. Das alegrias também.

De forma geral, você parece quase uma época da minha vida. Então sinto que eu não devo te incomodar com isso. Por mais que a lembrança surja pintada no seu rosto, a tela é a minha vida. Espero continuar te lembrando com elegância, para que eu possa me lembrar assim também.

CAPÍTULO 4

janela é tipo uma porta

Não existe regra mais justa e absurda que essa de estarmos sempre nos fazendo, quando na realidade o desejo maior é pontuar a narrativa, virar a página e gritar: é isso, meu maior trabalho está feito, me devolvam o grafite e a borracha, quero me borrar fora das linhas.

Qualquer coisa que possa atravessar uma porta poderá também atravessar uma janela. E se eu pudesse lembrar de todas as paisagens que vi através delas, nenhuma se igualaria às janelas dos ônibus, que são as únicas que me embrulham o estômago. Descobri há pouco tempo que um dos maiores desconfortos da minha vida poderia ser amenizado com fisioterapia e, obviamente, ainda não fui atrás disso. Que desrespeitoso mudar algo que vem sendo há tanto tempo, não é? Antes fosse, não tive tempo e essa tem sido uma boa resposta às outras infinitas coisas que preciso realizar em busca de facilitar minha experiência neste mundo. Imagine só, conseguir olhar pela janela e ver todas as coisas em movimento acelerado, quando na verdade sou eu que estou cortando o vento.

Imagine só se todas as vezes que viajei pudesse ter virado meu corpo inteiro para a janela e visto tudo que vi, só que menos turvo? Uma coisa que me intriga é a perspectiva. Vivo atravessando a rua para medir as distâncias que, matematicamente falando, não se alteram. "Como seria olhar esse prédio daquele outro lado da rua?" "E como seria me ver aqui, esperando o sinal abrir, se eu estivesse naquele prédio?" "Será que pareço frágil? Daqui de baixo, entre os carros e cheia de sacolas me sinto como se estivesse me vendo e me vejo em boa luz."

Não pensamos tanto em como ver as coisas pode nos fazer sentir. E em como a luz ou a ausência dela pode mudar nossa percepção, em como as pessoas passando em determinado horário do dia pela rua podem parecer diferentes e no que muda quando nos sentimos bem com nós mesmos e, assim, podemos ver todo o resto. São muitas as possibilidades, mas elas só se apresentam quando nos permitimos passear entre essas questões. Quase sempre diremos não, e encontraremos outra coisa desagradável para fazer ao invés de tomar um café com as nossas próprias interrogações.

ando

Passo feito,
pleno e trêmulo
se confunde,
direito ou esquerdo.
No chão molhado,
no concreto seco,
em terras de praia
ou pelo sertão adentro.
Sigo cambaleando
por vontade
própria
no mundo onde me encolho
ou aqui-dentro onde devora.
Pleno ou trêmulo,
não me confundo,
os rumos estão certos,
não dados, mas certos.
Passo imperfeito,
cheio de mim,
me alheio dos outros
para sossegar aqui.
Ando bem cansada,
não me falta nada,
plena no avesso,
no passo,
no ato,
plena em mim.

meu bairro

Tem cidades que a gente anda
e parece que não sai do nosso
próprio bairro.
Sempre tem uma rua
que leva a outra rua
e mais outra.
Sempre tem uma folha balançando
independente da intensidade do vento
e um desejo de se aninhar
em sombras que não machucam.
Tem cidades que parecem bairros,
bairros que parecem cidades,
a perspectiva quem dá é
quem reconhece que o que vê
só ele pode ver
e aceita.
Só não aceita não mostrar
como ele vê,
porque a poesia do sentido
e o sentido da poesia é
criar um ritmo de quinze a vinte batidas
ou até mais.
Que é pra ver se a gente enxerga mesmo,
se a gente existe mesmo,
se a gente resiste mesmo
ao tempo e a todas as nossas versões que não foram só vistas,
mas sentidas

nas entranhas,
e que por toda a razão do mundo
se permite rejeitar-se hora ou outra.
Por saber que se o mundo existe
é porque criamos um sentido para que assim seja
e se ele não existe a gente inventa nosso próprio fim.

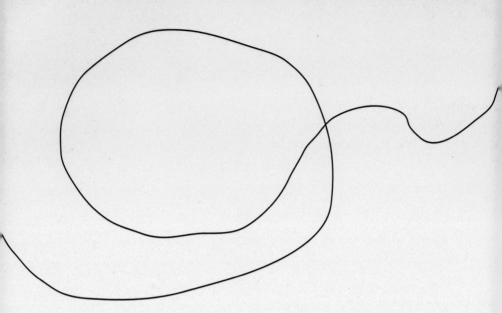

Às vezes é preciso procurar
e não achar nada.

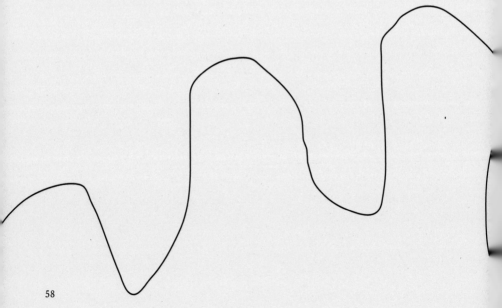

esforço desnecessário

Dias ordinários como esse, em que se pode fazer qualquer coisa com o tempo que se tem, mas se sustenta a promessa de nada fazer. É nesses momentos que os dias se transformam, mas não sem antes nos transformar. O dia estava quente e o calor que batia na parede do décimo quarto andar cumpria bem o seu trabalho de contagiar os outros cômodos, que desejariam ser esquecidos. Nesses dias é permitido tomar entre quatro e seis banhos, daqueles em que se molha o corpo não mais para limpar, apenas para amenizar a quentura que arde de dentro pra fora. Pense comigo: Por que é tão difícil manter promessas para fazer menos do que costumamos fazer? Por que tem de ser tão sufocante cumprir aquilo que negociamos com nós mesmos? "Se eu me esforçar durante todos os dias para fazer X, durante o fim de semana me permitirei não fazê-lo." A gente sempre se permite quebrar nossas promessas para fazer mais do que tínhamos planejado, como se isso fosse algo de que devêssemos nos orgulhar.

A gente ensaia o ordinário para não ser tomada pelo vento inodoro da pressão de ser outrem. Tudo que é pra ser encontra um jeito. Destino é um sonho muito mais que desejado, exige sensibilidade para saber a hora de agir e de sucumbir. A gente sucumbe diante da espera, mesmo que seja planejada. Quanto medo é permitido ter na espera de um destino desejado?

Queria aprender a fazer nós diferentes dos que faço em pensamentos, dançar com alguém me assistindo, experimentar um dia nublado numa cidade qualquer de um país pouco visitado. Queria saber se as nuvens passam como passam por aqui e se elas permitem que o sol as atravesse entre as 13h e as 14h de um domingo qualquer.

Quando descobrir a utilidade daquilo que lhe é ordinário, se assustará com a infinidade de ajustes que fez para não viver aquilo que você mesmo planejou. Quantas promessas você tem quebrado em nome de um fazer indiscriminado?

menos eu

Poderia eu
ser essa árvore solitária
entre todas as outras,
mas só ela
querendo tocar o céu?
Poderia eu
ser esse pássaro cortando o vento?
Estaria ele livre?
Poderia eu
ser essa casa abandonada
na beira da estrada
desejando ser ocupada?
Poderia eu
ser qualquer coisa
menos eu?
Só para ver
como é ver
com outros olhos?

creio

Não diga nada ao silêncio,
deixe que ele faça eco.
Que se ocupe dele mesmo,
não o engula seco,
deixe que se dissolva,
pois todos os estômagos
são seus,
você não vê?
Descanse
naquele pessimismo
que é capaz de aproximar-te da esperança.
O quão distante pode estar
um pessimista e um otimista
da felicidade,
e qual deles está menos desesperado?
Esse silêncio sendo ocupado
está longe de ser otimista,
mas creio que nasce
algo parecido com uma esperança.
Inquieto e cheio de estômagos,
mas esperançoso,
e em silêncio.

khrónos

Isso que você tem para me dizer
não me diga como se fosse uma sentença,
a gente escolhe o córrego onde vai se derramar.
Se arrependimento matasse,
eu continuaria viva.
Como se fosse possível morrer de vida.
Não...
A gente morre da gente mesmo.
Sentença nenhuma dá conta
do que a gente pode ser.
Não me diga nada que eu ainda não saiba,
tem coisas que só quero saber quando viver.

síntese

A gente continua aprendendo a se relacionar mesmo quando estamos sozinhos. Não dá para ignorar a relação mais intensa que poderemos viver: a relação com nós mesmos. Não é por essa razão que somos conhecidos como "seres da relação"? Por que mesmo desacompanhados ainda temos alguém por quem seremos responsáveis, alguém que devemos acolher, educar e ensinar os limites de nossas fronteiras? Para sempre? O quão ruins conseguimos ser com nós mesmos antes de percebermos o que está acontecendo? Antes de concebermos a ideia de que podemos dialogar conosco. Não deixe que este texto seja resumido às coisas racionais e emocionais da vida, esse é apenas o "como". Aqui eu lhe pergunto sobre "o quê". Ou melhor, quem. Quem é você? E por qual razão não se imagina dialogando consigo mesmo para chegar a uma resposta justa a essa pergunta. Até quando sozinhos, estamos acompanhados. Se eu pudesse aconselhar sobre algo seria: crie uma relação boa com você mesmo. Nem tudo que vem de fora é feito para funcionar com você. Mas com certeza o que é produzido em nós encontra um meio de se ajustar no mundo.

respire

Nada explica esse corpo reativo
criando histórias para se desintegrar
tão longe se foi atrás de nada
que dadas as circunstâncias
tenho tudo.

Escuto sensações,
vejo pensamentos,
ignoro esses lampejos
de sabedoria.

Escolho a surpresa,
o nó apertado contra
o papel de presente,
veja como é lindo.

Nenhuma planta
merece sol demais,
é na sombra que se
percebe como crescem rápido.

Sopram os rostos
uns dos outros,
ainda é possível
dizer que se ama em outras palavras.

Soltam as mãos
uns dos outros,
ainda é possível
dizer que se ama em outras palavras.

CAPÍTULO 5

quando fizer sentido

Somos todos bons, eu diria. O que nos estraga é o propósito de sermos melhores, não dá tempo de ser bom em quem somos, quando vamos com tanto afinco atrás de quem gostaríamos de ser.

Abraçar a vida adulta é um processo difícil e lento. A partir de que momento a gente considera, existencialmente falando, que virou adulto? Sei bem que a resposta é subjetiva, e que, assim como qualquer outra pessoa, esse momento está chegando para mim. No início da adolescência, muito me preocupava a possibilidade de ser corrompida pela realidade que se endurece sempre e de modo peculiar para cada nova geração, hoje compreendo mais fortemente a preocupação que me assolava na época. É real a possibilidade de cedermos gradativamente e nos tornarmos cópias de nossos responsáveis. E não me refiro a algo específico de suas personalidades, ainda que seja possível e, involuntariamente, aconteça, mas sim à falsa ideia de que sabemos algo que as novas gerações não sabem. O acordo silencioso que firmamos diante da temporalidade e a que venho atentamente buscando não ceder.

Sinto que é chegada a hora de aceitar a vida adulta. Já lutei por coisas que quando adolescente não conseguiria lutar, já engoli, involuntariamente, choros diante da urgência de me manter sã, já digo **não** sem sentir tanta culpa, além de esconder experiências assustadoras para minha mãe, com o objetivo de cuidar de sua saúde mental. Não ligar para minha mãe e chorar desesperadamente — tal qual no dia em que, comendo uma maçã na escola, mordi a minha bochecha — pode ser visto como o maior sinal de que cresci. Mesmo assim, ainda que às vezes não o faça, me permito ensaiar em busca de equilíbrio emocional, um grande ajustamento criativo que desenvolvi, visto que estou alcançando apenas a vida adulta, e não a perda da minha humanidade.

Não faz sentido crescer e esquecer. Por mais que para vivermos seja indispensável a habilidade de afrouxarmos nossa memória, é injusto deixar que nossos medos passados se tornem realidade, única e exclusivamente por acreditarmos que sabemos mais hoje do que naquela época. Medos não ficam menos assustadores com o tempo, e mesmo que tenhamos adquirido habilidades outras, esquecer de quem se é e da veracidade dessa relação, independentemente do espaço-tempo, é algo que não pretendo fazer nem nos meus mais terríveis pesadelos. A relação que estabeleço comigo vai além de quem estou sendo em qualquer época da minha vida. Como podemos não falar de modo real e objetivo sobre uma relação que nos acompanha do momento em que nascemos até o momento em que morremos? Sem que pareça estarmos romantizando?

Até este ponto do livro, como é que você vem lidando com os seus medos? Encontrou algum escondido entre um verso e outro? Essa é uma pergunta que fica ecoando em minha cabeça. Falar sobre como as coisas são assustadoras pode ser algo que só faça sentido para mim, mas creio que considerar as coisas como elas realmente são é o que permite que possamos, a nosso próprio modo, lidar com elas sem perder de vista nossos sonhos. Ou melhor, partir de um ponto mais justo para nós mesmos com relação às coisas e seus efeitos.

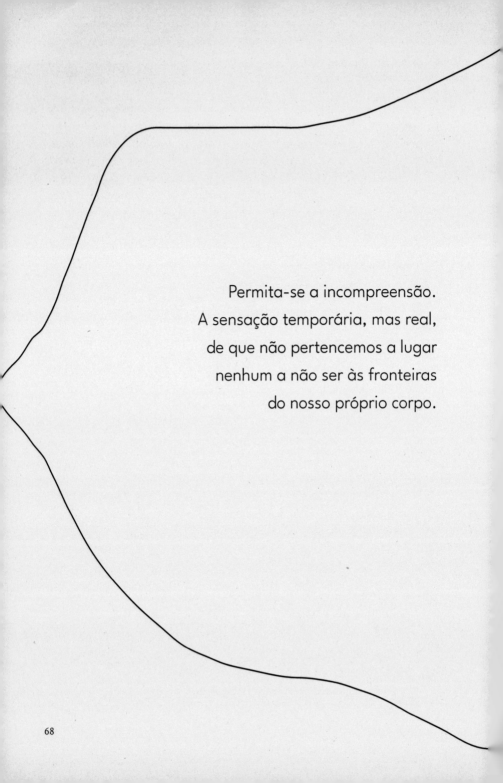

Permita-se a incompreensão.
A sensação temporária, mas real,
de que não pertencemos a lugar
nenhum a não ser às fronteiras
do nosso próprio corpo.

sonoro

Cante aquela música que você gosta de cantar,
dê volta nas notas,
deixe-as tontas.
Petrifique o ar que
gostaria de preencher os seus pulmões.
Diga que sim com a cabeça
só para que acredite no que conta.
Olhe para os lados e pense
ter visto alguém a quem possa culpar.
Veja o vento que insiste em ventar.
O quão previsível seria um passarinho cantar?
Por qual calçada caminharia se não aquelas de lá?
E por quanto tempo se pode ouvir essa música tocar?

permissão

Poderia ser mais fácil
se distrair de si,
mas não é.
Se impõe quando quer,
à vontade,
do nada a gente não pesa,
flutua.
Pouca coisa vence
o movimento e o barulho de fora:
o de dentro.
Pra se distrair de si
antes de tudo
é preciso
permissão
para o corpo pesar
sobre os pés
e a gente se sentir
fronteira.
Caso não,
a gente só sente
que preenche vazios barulhentos
e flutua.
Há tanto pra se sentir
na vida,
estou aberta,
mas não receptiva.
Gerencio os caminhos

que chegam até mim,
mas esqueço que eu
que inventei essa função.
Funciono sem supervisão?
Empregada de mim,
juro que sei de algo.
Abandonei o posto
para mapear o território,
deixo flutuar,
sinto flutuar,
não desejo outro lugar.
Me atravesso
carregada por balões de ar,
lento que dói,
quando me entendo,
furo os balões e
caio em mim.
Me permito o que surgir,
uma hora eu acerto
os ponteiros,
me distraio consciente.
Elaboro fora
para transformar dentro.

A vida está sempre aí para nos lembrar com maestria
o quão despreparados estamos.

eu amplificado

Desejo o silêncio
como se não fosse suficiente
o interno.
Que o carro de som
não ouça
o barulho que me faço
dentro.
Ossos.
Juntas.
Órgãos.
Sonoros.
Estalos
estalam
sem que se ouça.
Falar não é som
se não ouvem,
só ouve quem sente
e ao sentir já está dado,
foi absolvido
pela vida,
mas vive em dívida.
Não se escuta no silêncio,
falou baixo
tanto tempo,
crê não ser o mesmo.
Se deixasse sentir,
ouviria em bom som:
"ninguém é"
e descansaria na paz de sua insignificância.

tudo que é novo é frágil Tudo que é
novo é frágil ~~Tudo~~
~~que~~ ~~é~~ ~~novo~~
é ~~frágil~~

tudo que é novo é FRÁ
GIL

everything new is fragile TUDO
QUE É NOVO é

FRÁGIL

tudo mesmo
de vudade
de carne
de erros
e acertos
é frágil

tudo que é novo
e frágil frágil é
tudo que é novo

Tudo tudo tudo tudo

infeliz

Foi a coisa mais irritante
que precisei fazer,
existir em pensamento
e não saber o que escrever.
Tentar distrair a distração,
mas ela é faminta,
quanto mais me afasto
de mim, mais me perco da vida.
Infeliz quem não está
angustiadamente acordado;
dormindo tranquilo
a gente é só uma ideia.
Péssimas saídas
me ofereço em sonho,
escrevo em rimas e
respeito as linhas.
Foi a coisa mais irritante
que me aconteceu,
ficar dormente alguns dias
em busca d'eu.

coincidência

Senti o cheiro de um dia do passado, senti hoje como se ainda estivesse lá. Só que ainda enxergava bem e não tinha marcas no rosto. Corria ladeira abaixo como se estivesse colada no chão, subia ladeira acima arrastando as asas no chão, que não abriam de bom grado. Esforço para voar escondido, pensava se a vida é aquilo: como será quando estiver ausente de mim?

Quem tem medo da morte tem medo da vida. Foge do riso, do choro, do gozo, do amor, do nada. Não tem nada, quem sente medo da morte. Nada sobra de sua alma para os outros. Nem lembrança vai virar. O que se opõe ao medo é o aceitar que sem medo não se vive. Não tem quem não tenha medo de viver, além daquele que já está morto há muito tempo.

Amo que o medo me transforma numa coisa que também sou eu, mas não sempre. É uma luz amarelada que deseja me ver confortável, me prendendo num quarto sem paredes. Que coincidência, o olho visto de perto parece um buraco negro, nada escapa, tudo absorve. Tudo que a gente vê agora é parte de nós, atravessa uma fração conhecida do espaço, o único que me cabe, já que eu mesma decidi me expandir.

Ainda sinto frio na espinha, me tremo por costume. Por quanto tempo uma pedra desejou não sentir nada? Sendo consumida até estar acabada.

descanso

Palavras só descansam no papel. Em pensamento estão agitadas demais para dizer qualquer coisa. Coloco-as para deitar e logo em seguida estão prontas para revelar o que entre as linhas gostariam de dizer.

em ponto

Aquilo que se chama tranquilidade me chama. Atendo porque sei que mereço descansar antes da próxima coisa que ainda não tem nome, mas que já deseja me embrulhar. Caminho em silêncio e sem rumo, sem jeito me aprumo. Que jeito é o meu? Que se confunde com o que era e com o que pode ser. Se engana quem pensa que o agora não exige complexidade. Não fale comigo quando eu estiver fazendo outra coisa, só escuto o agora, que sopra no meu ouvido o som dos ponteiros no ritmo dos relógios de Londres. Só fale comigo depois que eu despertar nova, hoje não posso ser outra coisa senão apenas isso que já está sendo aprontado.

sonhe

Durmo em sonhos profundos. Capazes de evoluírem ao passo que eu evoluo. Quanto mais profundo o sono, mais antigo ele é. As imagens são velhas amigas, não têm nada de novo, mas se transformam. Vivo em estado profundo, para que eu possa continuar sonhando assim também. Nesses mundos que se criam, eu me crio também a cada novo elemento que se permite ser visto. Se mostram quando estou pronta para ver. Não me assusto com a presença do que não gosto, não desejo ser cega, tenho tantas outras coisas para ver.

sei

Antes de dizer que sabe como me sinto, diga por onde esteve, enquanto eu sentia. Diga que estava lá ao menos em pensamento. Não diga que sabe o que é, tampouco sabido por mim. Deixe que eu dê nome às minhas coisas sem nome. Deixe que só ganhem nome quando estiverem certas do que são. Dê mais tempo para as coisas serem, para a angústia se acomodar e esquecer de revirar. Se não, quando você menos esperar vai estar à beira de uma nova coisa sem nome, até que ache alguém para nomear.

de bom grado

O que eu diria para alguém que está no início de sua vida? Não sei. Se fosse eu a ouvir, tranquilamente ignoraria. O que eu pensava do que me falavam ficava da boca para dentro, ainda que os olhos se revirassem em pausas cronometradas. Quero que saiba que eu me sinto humilde neste momento ao escrever. A sinceridade e humildade seriam características que me prenderiam às palavras proferidas de qualquer adulto que tentasse me dizer algo. Quando na adolescência, as coisas nos afetam proporcionalmente a como se sente, creio que seja o momento mais sincero de nossa existência. Até mesmo quando se tenta disfarçar a afetação, parece cru, fora do ponto, em processo de ajuste e digno de ser assim. Talvez o mais importante fosse escolher o momento para se falar. O timing é algo exigido quando se é jovem, só quando mais adultos vamos perdendo o tato com as palavras e os afetos que causamos. Eu diria que não faço ideia de como é ser ele, de como ele sente as coisas ou se relaciona consigo mesmo. Pediria que olhasse para dentro enquanto estivesse me ouvindo, quase como se revirasse o globo ocular. Reafirmaria a possibilidade de estar completamente errada diante de tudo que estou a dizer, mas que esse atrevimento humilde é resultado do que considero a quinta coisa mais importante para quem está no começo da vida: não perca o atrevimento, só o torne ajustável às pessoas e às experiências que estiver vivendo. Obviamente perderemos a mão em algum momento, mas é necessário saber para onde voltar.

A sexta coisa seria: se trate com respeito, só assim você poderá fazer outras grandes coisas. Recolha-se à sua insignificância, casa de todos os adultos que resolveram aceitar que farão o que puderem e que mesmo assim estão longe de ser acomodados. Esses são os realistas. Porque logo depois vem a oitava coisa: existe muito espaço dentro do seu próprio corpo para explodir de orgulho e felicidade com as suas próprias conquistas, não deixe nenhuma delas passarem sem que sejam comemoradas, mesmo em meio aos prantos. Do mesmo jeito que é importante conhecer seu corpo, esteja disposto a conhecer suas lágrimas, mergulhe nelas quando possível, mesmo que não tenha palavras para se amparar diante da racionalidade. Diria também que você pode ir a qualquer lugar sem a sua criança interior, mas que precisará voltar e recolhê-la caso queira fazer algo realmente sério com a sua vida. Nada pode ir longe demais de quem você foi quando criança, a gente aprende a ser gente nessa época e todo o resto é busca por aniquilamento.

E se você ainda estivesse me ouvindo, pediria que parasse. A partir daqui, qualquer coisa seria pessoal demais. Volte para a sexta coisa, é o que vou tentar fazer agora.

lírio

Quando estiver andando pela rua, deixe que saibam que você carrega uma alma, se permita olhar para os lados e reagir, lembre-se de se desmontar e fique surpreso por isso ainda ser possível, depois de todas as coisas que aconteceram em sua vida. Deixe que saibam da sua vontade de espalhar plantas pela casa, da sua preocupação em não saber cuidá-las. Deixe que sugiram onde você pode encontrar o melhor adubo e se puder vá até lá qualquer dia. Compre uma planta com flores, mesmo sabendo que logo mais as pétalas irão cair, e talvez só em setembro voltem a desabrochar. Quando você lembrar daquele antigo amigo, deixe sentir como se aquilo tivesse acontecido ontem, lembre-se de sorrir como aprendeu décadas atrás e balance a cabeça na tentativa frustrada de acordar dessa lembrança. Tem coisa que continua nos acontecendo pra sempre e talvez, se você souber contemplar, assim como um pescador contempla o espelho d'água e nele espera, talvez você possa estar sempre sonhando em busca de manter-se vivo.

Mas quando estiver em casa, deixe sua alma descansar. Se permita olhar sem precisar ver, expirar sem conter seu abdômen, deixe que ele se expanda. Procure a fresta de luz que atravessa sua janela e pergunte se ela derrete pensamentos, sorria e lembre que há alguns dias tudo estava em ordem, mas hoje não. Porque amanhã talvez, mas hoje não. E mesmo assim sinta vontade de ser você, se acompanhe de bom grado, o porvir é um mistério onde descansam as almas cansadas, então descanse. Canta a música que te ensinou a ser gente, que você mesmo elegeu e que, quando não tiver como alimentar a ti mesmo, ainda assim, alimenta teu corpo, que dá no mesmo, e lembre-se que as plantas precisarão de água amanhã e talvez aquela flor desabroche junto com você noutro dia qualquer.

E quando estiver caminhando rápido em meio aos outros, depois de se irritar por não conseguir chegar aonde queria, se repreenda e desacelere. Tem uma criança na sua frente preocupada por ter passos curtos, então encurte os seus agora mesmo. Seja gentil ainda que tenha medo de se distrair e errar. Na rua, em casa, caminhando ou parado, a gente sai do lugar.

me espremendo na linha da vida,
bem como aprendi nas caligrafias
faço revolução em folha sem pauta.

É tempo de se fazer novas perguntas ao invés de usar as mesmas velhas respostas.

82